Kennst du auch die anderen Bücher von
Rindert Kromhout und Annemarie van Haeringen?

Ein großer Esel
Prämiert als
»Eines der 12 schönsten Bücher Österreichs 2001«

Der kleine Esel und sein Geschenk für Jaki
Preisgekrönt mit dem
»Österreichischen Kinder- und Jugendbuchpreis 2003«
und dem »Heidelberger Leander 2003«

Der kleine Esel und die Babysitterin

Titel der niederländischen Originalausgabe
»Wat staat daar?«
erschienen bei Uitgeverij Leopold BV, Amsterdam
Copyright © 1999
Rindert Kromhout (Text)
Annemarie van Haeringen (Illustration)

Copyright © 2004 für die deutschsprachige Ausgabe
Picus Verlag Ges.m.b.H., Wien
Grafische Gestaltung: Dorothea Löcker, Wien
Druck und Verarbeitung:
Druckerei Theiss GmbH, St. Stefan i.L.
ISBN 3-85452-876-0
Printed in Austria

Rindert Kromhout

Annemarie van Haeringen

Was steht denn da?

Aus dem Niederländischen von Daniel Löcker

Picus Verlag Wien

Der Affe bekommt einen Brief. Aber der Affe kann noch nicht lesen. Deshalb geht er zu seinem Freund, dem Ziegenbock, um ihn zu fragen, was in dem Brief steht.

Der Ziegenbock sitzt träumend vor seinem Haus und schaut in den Himmel.

»Ich kann schon lesen.«
»Wirklich wahr?«

»Du, Ziegenbock?«, fragt der Affe. »Du lernst doch schon lesen, oder?«
»Ja, ich lerne schon lesen«, antwortet der Ziegenbock.
Der Affe gibt ihm den Brief. »Kannst du mir das hier
vorlesen?«, fragt er.

»Was steht denn da?«
»Blond.«
»Falsch!«

Aufmerksam betrachtet der Ziegenbock den Brief. »*Mond* steht da nicht«, erklärt er.
»Oh«, sagt der Affe. »Was steht denn sonst da?«
»Weiß ich nicht«, antwortet der Ziegenbock. »Ich kann bis jetzt nur *Mond* lesen und ... *Ziegenbock*! Da steht *Ziegenbock* in deinem Brief. Das bin ich! Ich komme in dem Brief vor!«
Er sieht sich den Brief noch einmal genau an, aber alle anderen Wörter sind ihm wirklich zu schwierig.

»Geh doch zu Mama Meerschwein«, meint der Ziegenbock schließlich.
»Die kann besser lesen als ich.
Sie kann dir sicher sagen, was in dem Brief steht.«
Der Affe macht sich auf den Weg zu Mama Meerschwein und
der Ziegenbock springt neugierig mit ihm mit.
Mama Meerschwein arbeitet gerade in ihrem Garten.

»Mama Meerschwein?«, fragt der Affe. »Du lernst doch schon lesen, oder?«

»Und ob ich lesen lerne!«, antwortet sie.

Der Affe gibt ihr den Brief. »Kannst du mir das hier vorlesen?«, fragt er.

Mit ernster Miene studiert Mama Meerschwein den Brief.

Nach einer Weile sagt sie: »Da steht nicht *Mond* und nicht *Rose*.«

»Oh«, sagt der Affe. »Was steht denn sonst da?«

»Keine Ahnung«, antwortet Mama Meerschwein. »Ich kann bis jetzt nur *Mond* und *Rose* lesen, und *Meerschwein*! Da steht *Meerschwein* in deinem Brief. Das bin ich! Ich komme in dem Brief vor!«
»Und ich doch auch!«, ruft der Ziegenbock dazwischen.
Sie sieht sich den Brief noch einmal genau an. Aber auch ihr sind alle anderen Wörter einfach zu schwierig.

»Was steht denn da?«
»Hose.«
»Falsch!«

»Du musst ihn Freund Dachs zeigen«, meint Mama Meerschwein.
»Der kann noch besser lesen als ich. Er kann dir bestimmt verraten, was in dem Brief steht.«

Der Affe macht sich auf den Weg zu Freund Dachs und der Ziegenbock und Mama Meerschwein laufen neugierig mit ihm mit.

Freund Dachs sitzt mit seiner Angel am Teich.

»Du, Freund Dachs?«, fragt der Affe. »Du lernst doch schon lesen, oder?«
»Na klar«, antwortet Freund Dachs. »Warum fragst du?«
Der Affe gibt ihm den Brief. »Kannst du mir das hier vorlesen?«, fragt er.
Mit großen Augen betrachtet Freund Dachs den Brief. »Da steht nicht *Mond* und da steht nicht *Rose* und da steht nicht *Fisch*«, sagt er schließlich.
»Oh«, sagt der Affe. »Was steht denn sonst da?«

»Ich habe keinen blassen Schimmer«, antwortet Freund Dachs. »Ich kann bis jetzt nur *Mond* und *Rose* und *Fisch* lesen, und *Dachs*! Da steht *Dachs* in deinem Brief. Das bin ich! Der Brief handelt von mir!«
»Und von mir!«, ruft der Ziegenbock.
»Und von mir!«, ruft Mama Meerschwein.

»Was steht denn da?
»Pisch!«
»Falsch!«

»Weißt du, zu wem ihr gehen müsst?«, fragt Freund Dachs.
»Zu Mama Esel. Die kann noch viel besser lesen als ich. Sie kann euch verraten, was in dem Brief steht.«
Der Affe macht sich auf den Weg zu Mama Esel und der Ziegenbock, Mama Meerschwein und Freund Dachs laufen neugierig mit.

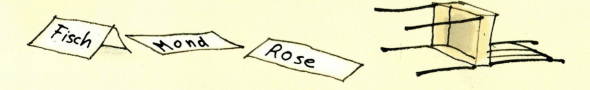

Sie finden Mama Esel beim Waschtrog.

»Mama Esel?«, fragt der Affe. »Du lernst doch schon lesen, oder?«

»*Mond, Rose, Fisch, Socke*«, sagt Mama Esel. »Das kann ich alles lesen. Toll, was?«

»In meinem Brief steht aber nicht *Mond*, nicht *Rose* und nicht *Fisch*«, sagt der Affe traurig. »Und auch *Socke* wird nicht drinstehen.«

Mama Esel betrachtet den Brief. »Nein«, sagt sie, »*Socke* steht da auch nicht. Aber *Esel* steht sehr wohl drin! Da steht *Esel* in deinem Brief. Das bin ich! Der Brief handelt von mir!«

»Und von mir!«, rufen der Ziegenbock, Mama Meerschwein und Freund Dachs. Aber was steht sonst noch in dem Brief? Mama Esel weiß es nicht.

»Was steht denn da?«
»Locke.«
»Falsch!«

»Frag doch das Geburtstagsferkel«, meint Mama Esel. »Das kann alles lesen. Es kann dir bestimmt erzählen, was in diesem Brief steht.«

Der Affe macht sich auf den Weg zum Geburtstagsferkel und der Ziegenbock, Mama Meerschwein, Freund Dachs und Mama Esel laufen neugierig mit ihm mit.

Das Geburtstagsferkel steht in seiner Küche. Es winkt ihnen zu.

»Aha!«, sagt das Geburtstagsferkel. »Da seid ihr ja! Gerade rechtzeitig! Also habt ihr meinen Brief bekommen.«

»Deinen Brief?«, rufen der Ziegenbock, Mama Meerschwein, Freund Dachs und Mama Esel erstaunt.

»Diesen Brief hier?«, fragt der Affe.

»Ganz genau!«, sagt das Geburtstagsferkel. Es liest ihnen vor, was in dem Brief steht:

»Lieber Affe,
kommst du zum Essen zu mir? Und frag, ob deine Freunde, der Ziegenbock und Mama Meerschwein und Freund Dachs und Mama Esel, auch kommen wollen. Herzliche Grüße von deinem Geburtstagsferkel.
Das steht in meinem Brief«, sagt es. »Setzt euch schnell hin, der Tisch ist schon gedeckt.«

»Siehst du! Du kannst gar nicht lesen.«
»O doch! Ich kann schon lesen! Da steht *Schokocreme*! Und da steht *Honig*!«
»Schokocreme? Honig? Miam, darauf habe ich gerade Lust!«

Als sie mit dem Essen fertig sind, setzen sich alle gemütlich um das Lagerfeuer. Das Geburtstagsferkel nimmt ein Buch, um seinen Freunden vorzulesen.

»*Der Affe bekommt einen Brief*«, liest das Geburtstagsferkel.
»*Aber der Affe kann noch nicht lesen.*
Deshalb geht er zu seinem Freund, dem Ziegenbock, um ihn zu
fragen, was in dem Brief steht ...«

»He!«, ruft der Affe. »Das Buch handelt von mir!«

»Und von mir!«, ruft der Ziegenbock.

»Und von mir!«, ruft Mama Meerschwein.

»Und von mir!«, ruft Freund Dachs.

»Und von mir!«, ruft Mama Esel.

»Und von uns!«, fügen die Gans und der Hase hinzu.

Das Geburtstagsferkel lächelt und liest weiter …

Lieber Affe,

kommst du zum Essen zu mir? Und frag, ob deine Freunde, der Ziegenbock und Mama Meerschwein und Freund Dachs und Mama Esel, auch kommen wollen.

Herzliche Grüße

von deinem

Geburtstagsferkel